벚꽃 추락

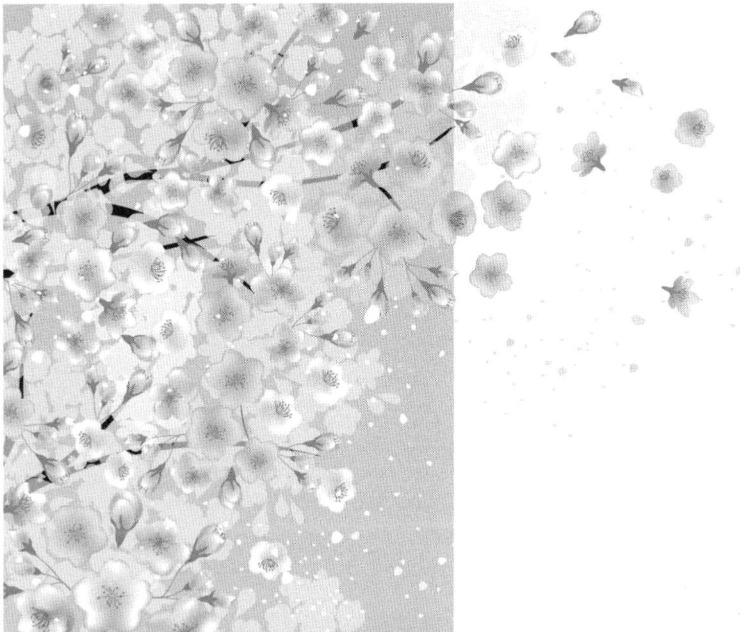

– 김현우 시집 –

벚꽃 추락

좋은땅

추천사

심윤숙 선생님(초3 담임선생님) |

2017년, 그해는 내가 3학년 담임을 맡은 해였다. 학기가 시작되는 3월 2일은 여느 해처럼 전입생들이 각 반에 배정되곤 하였다. 보통은 어머니가 아이를 인수인계하는데 그날 혼자서 교실 앞문에 조용히 서 있던, 발그레한 볼에 초롱한 눈이 반짝 빛나던 아이, 바로 현우였다.

그해 부활절이었다. 모두가 왁자지껄 식사를 하는데 현우는 식판을 앞에 두고 눈물을 뚝뚝 떨어뜨리고 있었다. 놀란 내가 다가가 어디가 아프냐고 물었을 때 예수님이 십자가에 달려 돌아가심이 슬퍼서 밥을 먹을 수 없겠다고 했던 아이였다. 그처럼 현우는 누구보다도 감성이 풍부하고 공감 능력이 뛰어난 소년이었다.

일주일에 한 번씩 일기를 제출하는 날이면 도무지 3학년으로는 믿기지 않는 글솜씨로 나와 친구들을 놀라게 했던 현우. 특히 국어 시간에 재능이 돋보였던 소년. 30여 년 교직에서 만난 아이 중 그처럼 감성이 풍부하고, 그것을 밖으로 표출하는 능력을 가진 아이로 단연 으뜸인 아이가 현우다.

오늘 현우의 첫 시집을 냄에 추천 글을 쓸 수 있음에 감사하며 '될성부른 나무는 떡잎부터 다르다'는 옛 말씀에 10살 현우의 떡잎에 대한 기대가 오늘 첫 열매를 맺음에 매우 큰 기쁨과 자랑스러움으로 이 글을 쓴다.

이소려 선생님(논술 선생님) |

시인의 시를 한 편 한 편 만나는 설레는 순간. 이미 제목에서 오는 큰 울림과 감동.

시인에게 시는 삶의 일부인 것 같다는 생각이 든다. 소소한 일상에서 만나는 자신의 감정을 소중히 여기고 충실히 대화하며 자신의 깊은 내면을 섬세하게 들여다본다. 주변 사물과 일상에서 경험하고 느끼는 감정을 가벼이 여기지 않고 흘려보내지 않으며 자신의 모습과 삶을 연결하여 의미를 찾아가는 진지함과 묵직함을 느낄 수 있다. 사물의 아픔과 의미를 꿰뚫어 보는 시인의 세심한 관찰력에 감탄하고 모든 존재를 소중히 살피는 마음과 함께 고민하는 시인의 신중함이 고스란히 전해진다. 솔직하게 때로는 담담하게 시인의 언어로 표현하고 전달하는 어조에 또 한 번 시인의 매력에 빠져든다.

삶의 어려움을 거치는 순간 세상에 질문하기도 하고, 스스로에게 반문하기도 하며, 시인만의 가치관으로 생각을 정리하고 당당하게 해결책을 찾아가는 지혜로운 모습을 엿볼 수 있다. 젊은 나이로는 접근할 수 없는 고뇌와 낭만을 시로 표현한 시인이 경이롭기까지 하다.

어른이 되는 데 따른 성장통을 겪는 시기. 어렵고 힘들지만 그만큼 인생에 대한 기대나 희망이 큰 때이다. 여러 모양과 빛깔을 나타낼 청소년들에게 깊은 영향과 공감을 줄 수 있는 시집이다. 시를 쓰며 자신의 모습과 삶을 묵묵히 고민하고 답을 찾고 위로하며 다시금 시작할 수 있는 마음의 힘을 얻은 듯 보인다. 자신에 대해 알아가는 시인의 성장이 기대된다. 그리고 앞으로 전개될 시인의 시가 계속 궁금해진다.

좋은 시를 쓰고 좋은 시를 만날 수 있게 해주어 참 고맙다.

작가의 말

어느덧 16살, 중3이 되었다. 영원할 줄 알았던 시간은 어느새 거대한 폭풍우가 되어 나를 몰아붙이고 있었다. 누군가에게는 짧은 인생일 수 있지만 나의 지난 삶을 되돌아보고자 한다. 부디 이 글이 다른 이에게 조금이나마 위로가 되었으면 한다.

2023년 3월

김현우

목차

| 노랫말

시

벚꽃 추락

봄비를 맞으며 길을 걸어갑니다
고요히 걸어갑니다

분홍빛 아름다운 벚꽃이 보입니다
꽃잎이 떨어집니다

떨어진 벚꽃을 밟고 지나가는 사람들
나는 밟힌 벚꽃을 강 위에 놓습니다

강을 따라서 고요히 사라져 가는 벚꽃
벚꽃은 한가운데 아름다운 연꽃에게 갑니다
연꽃은 얼룩진 벚꽃을 받아 주지 않습니다

벚꽃은 자신이 무시했던 부들에게 갑니다
어서 와, 벚꽃아

부들은 다음 봄까지 벚꽃을 지켜 주었습니다
다시 봄이 되자

벚꽃은 사람들이 자신을 찾을 것이라고 기대했습니다

하지만

사람들은 떨어진 벚꽃을 잊어버렸습니다

그리고 오늘도 세찬 봄비에 수천 개의 벚꽃들이 떨어집니다

감히

몇 집의 불빛만이
세상을 비추는 저녁

지난 길을 되돌아보며
생각에 잠긴다

우리를 아프게 했던
과거의 고통은
어느새

텅 빈 벽이 되어
서로를 가로막는다

사랑이라는 죄목으로
너무 많은 사람들의
도움을 강요했다

자연의 평온함과

다른 사람들의 평범함이
일상으로써
우리에게 다가오지만

감히
그 달콤함에 취할 수 없다

원망과 절망을 넘어
분노까지 느꼈지만

남들처럼 웃을 수 없는 게
미안할 뿐이다

웃음소리가 비명소리로,
기쁨의 눈물이
처절함의 부르짖음이 되었지만

나는 감히

이 사건의 매듭을 묶고
담담히 다음 단계로
넘어가고자 한다

비극이 희극이 되는 기적을
감히 바라며

걸음

어디부터 손대야 할지
너무 삐걱거리는 상황이지만

아슬아슬한 우리의 걸음이
무너지지는 않을까

늘 애태우며 살아가지만

눈앞의 길조차 선명하지 않은 것을
누굴 탓하고 누굴 의지하겠는가

한 발짝 더 내딛으면
쓰러지진 않을까 불안해하면서도

그댄 담담히 걸음을 재촉하는구나

반딧불이

낡은 하늘 해어진 별들 속
은은하게 빛나는
반딧불이

외로움에 사무치고
추위에 이가 떨린다

건물 속 불빛은
나를 더욱 아프게 한다

붙잡을 수조차 없는
높은 기둥의 빛은

강물을 타고 저 아래 동네로 내려간다

저녁을 즐기는 사람들의 웃음소리는
나의 고독함이 되어
흔들리는 갈대잎처럼 지나간다

저녁 바람이 불고
어느새 초승달이 떠오른다

추억을 외투 삼아
쓸쓸함을 버텨 본다

찢어진 외투 사이로
초라함의 미학을 즐긴다

오래된 노래를 들으며
강가 주위를 걷는다

허전한 마음을 애써 위로하지만
처연함에 일렁이는 강물에
내 모습이 비칠 뿐이다

비와의 밀회

비가 온다
축축한 향기가 코에 울린다

찾아올 한 주의 기쁨과
긴 쉼의 성공적인 첫발을 떼었다는 후련함에 적셔진 채

옛 생각에 잠긴다

하늘을 가득 덮은 안개 때문에
높이 솟아오른 건물조차 제대로 볼 수 없지만

안개와 비가 주는
감정은

마치 자연과의 숨바꼭질 같다

사람들이 길거리를 바삐 걸어다니는 동안
비와의 밀회를 즐기는 나는
축복받은 사람인 것 같다

어른의 눈물

가끔 어른들이 왜
우는지 궁금할 때가 있다

저렇게 슬픈 일인가?
굳이 눈물까지 흘려야 할까?

그러던
나도 어느새
나의 억울함이 아닌
상황에 대한 절망감에
눈물을 흘린다

그런데
왜 정작 더 큰
상처를 입은 어른들은
울지 않을까?

오히려

오늘의 아픔이 추억이 될 미래를 기대한단다

눈물 대신 희망을 품고
묵묵히 할 일을 한다

어른의 눈물은 감정을 묻고
희망에 심장을 맡기는 것일까?

아직은 이해가
되지 않지만

언젠가는 나도
어른의 눈물을
흘릴 것이다

눈빛

그대의 눈빛
그대의 얼굴

내가 원망을 담아 그댈 쳐다보아도
순수한 무표정만 돌아올 뿐

나의 눈빛은 눈 빚인 것 같다

난 그대에게 무슨 빚을 졌기에
그대에게 빼앗기듯
밀려나는 걸까

몫과 나머지

나누는 수가 클수록
몫이 작아진다

나도 그렇다

나누어지는 수가 나누어 떨어지면
나머지조차 없다

나도 그렇다

나머지 같은 몫
나는 참 가난하다

바퀴

저 너머 흐릿하게 보이는
우리의 모습은
바퀴 같다

일상적인 무의식 속에 살아가면서
정작 중요한 순간에
바퀴벌레처럼 숨는다

돌리고 돌려도
끝이 없는
바퀴처럼

우리의 기대는
헛된 아픔이 될 뿐

결코 변하지 않는다

걱정

수고했어,
애써 그 허전함을
외면하려 한 것

낮에 펼쳐질 희망스러운 일들을
초조함의 연장선으로
물들인 것 같다

비록 어둠을 밝히는 불빛 하나만이
나의 이불 되어 주지만

두려움을 뛰어넘는
초월적인 능력을
발휘하고자 한다

눈물이 짠 이유

우리는 때로
눈물을 흘린다

문득 '왜 눈물이 짤까' 하는
궁금증이 든다

아낌없이 흘릴 수 있지만

그 이상은 허락해 주지 않기 때문에
그런 것일까

12시의 기적

밤 11시 59분
곧 12시다

분명 1분 차이인데
하루가 바뀌다니
참 오묘한 기분이 든다

어제를 잊고 내일을 맞이할 수 있는 초대장인가,
아름다운 하루를 끝내 버리는 칼날인가?

우리의 인생도 마찬가지다
고작 몇 분, 몇 시간, 며칠 차이로

날짜가, 날씨가, 기분이, 시간이
바뀌는 것이 얼마나 웅장한 일인가

어제의 쓰림은 11시 59분에 묻고
내일의 희망을 품어 보자

가족에게

원하지 않아도 같이 지내야 하는 사람
사랑하지만 때론 미워지는 사람

기쁠 땐 생각조차 안 하고
슬플 땐 원망하는 사람

이런 저런 이유 때문에 싸우는 사람
그래도 마음속에는 품고 사는 사람

부끄럽지만
자격 없지만

이제야 그 사람에게 수고했다고 말한다

슬픔이 빛나는 밤

기분이 안 좋다
슬프다
화가 난다

희망이 없다
불행하다

오늘은 그런 날이다
오늘 밤은 그냥 넘어가자

침대에 누우며 나 자신에게 한마디 한다
'힘내'

달과의 밤

별이 빛나는 밤
추위에 몸을 떠는 밤
마음에 멍이 드는 밤

사람들은 언제나 말한다
낮의 해가 밤의 달보다 강하다고

안타깝다!
달의 아름다움을 알지 못하는 자들이여

매일매일 커지는 달처럼,
지친 사람들을 비춰 주는 달처럼

오늘 밤이 춥다고 불평하지 말자
어둡다고 겁내지 말자

어둠의 즐거움을,
고독의 기쁨을 느끼는 자만이

저 하늘,

저 흑암 속

빛나는 달이 될 수 있기 때문이다

벽을 사이에 둔 눈물

오늘도 나는 처절하게 슬픔을 느낀다
밤이라 그런 걸까
혼자여서 그런 걸까

대체 나는 왜 그러는 걸까
나의 잘못이다

그러나
혼자 흘리는 나의 눈물은 죄가 없다

웃고 싶지만
벽을 사이에 둔 눈물은 그걸 허락해 주지 않는다

나도 모르게 얼굴을 뒤덮는
나의 눈물은,
나의 감정은
쓸쓸하기만 할 뿐이다

어두운 밤을 밝히는 별은 나의 눈물인 걸까

원망하고 싶고 울고 싶지만
그럴 수 없다

혼자만의 눈물은 눈물이 아니기 때문이다

꽃을 보지 않고
꽃의 그림자에 벌벌 떨며
감정의 가시에 찔리며 꽃을 거둔 것이구나

벽이 나의 감정을 막을 순 없다

퇴근

차를 타고 도로를 지난다

붉은 파도처럼 늘어선
차들은 과연 어디로 가는 걸까

매일 반복되는 같은 일과는
언제쯤 희망으로 바뀔까

익숙함에 무던해진
고된 하루

침대에 눕자마자 쓰러지는
내 몸이 말해 준다

우린 언제쯤
일상으로부터 퇴근할 수 있을까

시

나에게 시는 가볍다
내 생각이나 느낌을
아무 생각 없이 막 적어도 되니까
그래서 시가
매력적인 것 같다

인생 화덕

피자가 화덕 안에 들어간다

이글이글 타오르는

붉은 불빛

장작 때는 소리도 들려온다

이번에는 우리 인생을 집어넣는다

어떤 피자가 나올지 궁금하다

화학 반응식

절대 떨어질 수 없는 관계
그리고
결코 성립할 수 없는 관계

물리적으로는 결합이 가능하나
화학적으로는 엉망인 관계

그게 우리 관계인 것 같다

인생 조립

어린이들이 블록을 조립하는 것같이
우리도 우리 인생을 조립한다

누가 더 훌륭한 조립가인지는
블록의 개수나 색깔이 만드는 것이 아니라

조립가가 만드는 것이다

인생의 부족함, 허전함 또한
어떤 이들에게는 하나의 기술이 될 수 있으리라

당장은 피하고 도망가고 싶더라도
남이 대신 조립해 주지는 않는다

그저 겸허히 내 인생을 조립할 뿐이다

모래시계

모래가 솔솔솔 떨어진다
모래가 떨어지는 것을 보며

백발의 노인은
자신의 운명을 짐작한다

모래시계를 뒤집을 수 있듯
지난 세월을 돌이킬 수 있다면
빛나는 젊음을 다시 손에 쥘 수 있다면

그러나 후회할수록
떨어지는 모래소리가 더 공포스럽게 느껴질 뿐이다

밤하늘을 칠할 수 있다면

배신당한 기분이 든다
감정에 취해
밤을 보내도

다음 날 아무 일도 일어나지 않는다
변하지 않는다

어쩌면
일상이라는 쳇바퀴 속에서
진짜 감정을 못 누리는 건지도 모르겠다

누군가에겐 고통의 밤,
다른 이에겐 희락의 전야제일 것이다

애써 웃어 보아도
싸늘한 어색함만이 감돌 뿐이다

3분 인생

3분 카레를 전자레인지에 넣는다
드디어 3분이 지난 후 소리가 들려온다

삐- 삐- 삐-

동생은 화들짝 놀라 전자레인지를 연다
문득 내가 저 카레이면 어떨까 생각한다
그럼 과연 나는 마지막 3분 동안 무엇을 할 것인가

3분 동안 맛있는 카레가 될 수도,
음식물 쓰레기가 될 수도 있는 것이
우리 인생이다

인생의 회전목마

난 태어났다
그리고 자랐다
그리고 지금
중학교에 다니고 있다

이 일들을
모든 사람이 겪는다

하지만 사람들은
자신의 어릴 적을 잘 생각하지 않는다

한낱 '기억'으로 여길 뿐
인생의 '일부'라고 생각하지 않는다

나도 요즘 그렇다

어렸을 적 일들이 자꾸 생각난다
애써 이 기억들을 외면하려 하지만

자꾸 생각난다

그게 인생인 것인가?

1월의 흰 감정

1월 4일이다
흰 눈으로 뒤덮였고
시린 바람이 날 에워싼다

감정에 취해
창밖을 바라보면

고독한 나뭇가지만이
존재한다

무슨 감정인지는 모르겠지만
흰 빛의 존재에 의해
쇠사슬에 묶인 듯
잘 움직여지지가 않는다

신년의 신선함과
구년의 잔재들이
한데 뒤섞여

나를 울게 한다

그리고 잠이 든다

내 눈물이 모두 마른 후
눈을 뜬다

그게 겨울이니까

나비야

나비가 훨훨 날아갑니다
숲을 넘어,
산을 넘어,
비를 맞으며

높은 하늘로 올라갑니다

끝이 없는 것처럼

철새를 지나,
독수리를 지나
구름까지 날아갑니다

구름에 도착한 순간
나비의 날개는 이미
반토막 난 상태였습니다

눈물

나는 그 길을 매몰차게 거절했다
뒤도 안 돌아보고 마냥 달렸다

처음에는 좋았다
행복할 수 있어서

그러나
해가 지고 밤이 되었을 때
밝게 빛나는 별을 볼 수 없었다

하루살이의 주말

아침 7시에 눈을 떴다
오늘은 기다리던 토요일 아침이다
아침 눈을 뜰 때
기분이 매우 좋다

늦잠 잘 필요도 없다
즐거운 하루가 기다리고 있으니까

아침 먹고
놀고
점심 먹고
놀고
저녁 먹고
놀고

침대에 눕는다

나는 하루살이다

내일 당장 죽을 것같이
대책 없이 계속 노니까

주말은 하루살이를 위한 날이 아니다

붉은 눈

겨울이다
눈이 내린다
흰 눈이 아름답게 내린다
만물이 뒤바뀌는 이 계절
내 눈은 2022년을 보내며
붉어졌다
흰 눈 속 붉은 눈을 보며
난 담담히 보낼 것을 떠나보낸다

웃음과 행복

마지막으로 진짜 웃은 적이 언제였던가
웃은 후에 나를 괴롭힐 걱정들을
상관하지 않았던 적이 있긴 했었는가
언제 진짜 행복했는가

행복이란 족쇄에 완전히 결박된 채
내 삶조차 가누지 못한 나

행복해지고 싶다는 간절함과
연약한 내가 부딪쳤을 때

언제나 누가 이겼던가

신년의 신선한 구름이 몰려올 때
구름이 움직이듯 눈이 자유롭게 내려오듯

아무것도 신경 쓰지 말고
당당히 내 날개를 펼쳐 보겠다

겨울바람

매서운 겨울바람이
휘몰아쳐도

어두운 구름 떼와
눈이 세상을 덮어도

눈더미 속 빛나는 무언가가
나를 감싸 줄 수 있다면…

왜

왜 정작 마지막 순간에
눈물이 나지 않을까
왜 헛된 희망에 사로잡혀
아무것도 하지 못할까

이별

그래 2021년이 간다
2022년이 온다

이 시간을 온전히 누리고 싶지만
시간은 결코 허락해 주지 않는다

그 사실을
도저히 인정하고 싶지 않다

1월 어느 날 밤
홀로 슬픔에 잠긴다

어떤 이들에게는 기회가 될
'이별'

2021년… 나에게는 좋은 해로 남아 있었나 보다

싫고 힘든 일도 많았지만

눈물을 흘리면서도

기쁨으로 2021년을 보내 줄 수 있어서

행복하다

사랑을 이해한다는 것은

비가 내리는 밤
사랑과 함께하는 밤
사랑은 누구나 함께해 준다
그게 사랑이라서
사랑하는 것 아닐까
그걸로도 표현할 수 없는 게
사랑이니까

나

등교할 때 거대하게만 보였던 인파를 뚫고

교실에 가던 그 모습

하루하루 힘들게 살아갔지만

그때의 내 모습

그리고 지금 거울에 비치는 내 모습

이유 모를 눈물과 전율이 흐른다

하루하루 나름 바쁘게 살았던 지난날들

그동안 잊은 것은 없는지 되돌아본다

추억은 추억대로

초등학교 3학년 때의 추억과
중학교 2학년 지금의 추억이 겹쳐지는 이 느낌

감정이란 걸 잊고
심심하면서도 바쁘게
보낸 지난 1년

막상 볼펜을 드니
아무것도 써지지 않는다

어쩌면 우리는 바쁘게 돌아가는
시곗바늘 속에
고정되어 있는 나사처럼
살지 않았을까

나사가 한 번쯤
풀리는 것처럼

감정의 나사도
가끔 풀려지는 것 아닐까

추억은 추억대로
고통은 고통대로
감정은 감정대로
몰려온다

애틋한 감정의 폭포에
추억을 나침반 삼아
몸을 던진다

추억은 추억대로
나를 이끌어 간다

2022년의 마지막 선물

늘 나를 아프게 하던
2022년이 간다

찬 바람이 불어온다

지나온 거리를 이제야 바라본다

뒤도 안 보고
눈물만 겨우 훔치며

열두 달을 버텨 왔다

봄의 아름다운 햇살이 그치고
겨울의 고독함이 와야만

봄이었다는 것을 깨닫겠는가

하지만

계절의 시간은 우리를 버리고 비겁하게 떠나간다

그들은 그들의 삶을 산 것이니
비겁하다고 할 수는 없는 걸까

오늘은 12월 29일이다
2022년이 사흘 남았다

도대체 왜
나는 2022년을 제대로 떠나보낼 준비가 되지 않았는가

근심 걱정 잊어버리며 웃었던 적도
너무 괴로워 울었던 적도
너무 지쳐 일어나는 것조차 싫었던 적도 있었다

그러나,
나는 매서운 겨울바람 앞에서 확신한다

2022년이 나에게 형언할 수 없는
엄청난 선물을 준 것이라고
지금은 눈앞의 눈물과 쓰러질 것만 같은 피곤함에
하루하루 힘겹게 살아가지만

언젠가는 고마워할 것이라고

시간과의 씨름

봄 여름 가을 겨울
시간은 간다
시간은 흐른다
시간은 흘러간다
시간은 지나간다

나를 살게 해 주었던 시간
나를 살게 하는 시간
나를 살게 해 줄 시간

그 시간은
왜 나를
기다려 주지 않는 걸까

그렇게 시간과의 허무한
씨름은 끝이 난다

여유

바쁘게 살아갈 때
전혀 느끼지 못하던 것들이

시간이 나고
여유가 생기자
느껴지기 시작했다

눈보라 치는 날

기말고사가 끝났다
방학과 여행이 얼마 남지 않았다

그리고 마침내
오늘 눈보라가 휘몰아쳤다
창밖은 온통 흰 눈으로 뒤덮였다

찬 바람은 눈물을 흘리게 하고
손은 시려 빨갛게 변하지만

새로운 해를 맞이하는 내 마음을
더 설레게 한다

겨울이 나를 따뜻하게 하는
기적이 일어나길…

음악

매끄러운 반주
아름다운 도입부
아련해지는 간주
감정적인 후렴

그리고 흐르는 나의 눈물

오늘도 음악은
나의 상처를 아물게 한다

청소년의 폭풍

인생의 폭풍, 청소년기의 폭풍
폭풍이 왔다고 놀라지 마

폭풍의 끝은 무궁무진하니까

백설(白雪)

왜 내 마음은 계절 따라 변하는 걸까
생각 하나 감정 하나
제대로 붙잡을 수 없는 나는
정말 정말
바보인 것 같다

찬 바람이 불고
흰 눈은 나를 덮친다

미끄러운 거리를 지나며
내 눈물로 미끄러워진 마음을 애써 달랜다

상처를 감추며 미소를 지어 보지만
고통과 슬픔이 배가 되는 것 같다

추억이란 작은 밧줄 하나 잡고
차디찬 밖에
몸을 내던진다

비록 넘어지고 고꾸라져도

다시 일어설 것을 믿는다

불빛 하나

그리 어둡지 않은 초저녁
환한 내 방 가운데 불빛 하나가 드리운다

불빛 하나에 의지하지는 않지만
그 불빛이 나를 행복하게 만들어 주는 것 같다

그 존재를 단정할 순 없을 것이다
하지만 아주 중요하다

내 손에 느껴지는
존재를 모른 채
더 꽉 붙잡아 본다

감정 없는 밤

감정에 불타는 밤

하지만

오늘은 감정에 메마른 밤

감정의 바다에 조용히 적셔지고 싶지만

아련함만 있을 뿐

어떠한 감정도 느껴지지 않는다

아름다운 이별

애증의 1년이었다

처리할 감정은 많지만

이제 편히 보내 주려 한다

비의 길

뒤도 안 돌아보고
길의 끝까지
넘어지고
까지고
베이고
데이고
찢어져도
달려왔다

올라온 길은
우리의 눈물과 피로 적셔졌다

나는 나의 고통에만
울부짖었는데

올라온 길은
다른 이들의 노력으로
굳은 것이었다

노랫말

사랑 아닌 사랑

그대가 나를 떠났어도
나는 그댈 떠나지 않았는데

아직도 그대와 함께하고 있는데
사랑한다는 그 한마디만 못 한 건데

그대와 함께하는 게
나에게 얼마나 큰 행복이었는지
그대는 알고 있나요

마음이 멍들어도
두 눈이 다 부었어도

나는 웃고 있는 걸
그대는 알고 있나요

우리가 조금만 일찍 깨달았더라면
연인도 원수도 아니었던

그 시간을 지울 수 있었을 텐데

이제는 지난 과거일 뿐이라고 되새기며
애써 외면하려 하지만

내 눈은 당신의 사진을 향하고 있는 걸요

그때는 싫었죠
시간이 지나가도 그대와 헤어져도
전혀 슬프지 않았어요

하지만 요즘 그대 없는 하루하루가
나에겐 너무나 아픈 손가락이 되었기에
이젠 지켜만 볼 수밖에 없는
그대의 얼굴을 바라보아요

사랑이 사랑인 줄 몰랐던
지난날의 철없고 어리석은 내 모습이 생각나서

가끔 눈물을 훔쳐요

나는 울어도 그대만은 울지 않기를

그대여 웃어요
지금 그대와 함께 있진 않지만
저기 먼 곳에서 그댈 축복할게요

그대여
먼 훗날 그대와 다시 마주하는 날이 오기를

그땐
사랑이라 말할 수 있길

침묵의 그대

나도 그댈 사랑한 줄 몰랐는데
사랑하고 사랑해도 사랑하지 않는다고
마음속으로 외치던
내 모습이 생각나

먼저 떠나는 그대의 쓸쓸한
뒷모습을 바라봐도
왜 할 말이 없는 걸까

어색함을 원망으로
슬픔을 침묵으로

그대의 침묵에
나는 산을 지붕 삼아
나무를 벗 삼아

하루하루를
침묵의 질주 속에 살아간다

후회의 추억

이제야 생각나네요
지난날의 조각들이
모두 깨졌지만

과거를 핑계 삼아
잊어버리려는 나이기에

이 순간도
그대에겐 비극이겠죠

그대의 고통
그대의 걱정
모르지 않았는데

외면한 나의 잘못이죠

말해야 할 것을 말하지 않고
말하지 말 것을 말한 나였기에

지금이라도 그대에게 사과합니다
후회하는 내 모습이
그대에게 위로가 될 순 없겠지만
씁쓸한 추억 정도는 될 수 있겠죠

바뀌어 버린 그대 모습을 보고
애잔함을 느끼는 나는

이미 너무 늦어 버린 거죠

부디 그대여
용서해 줘요

사랑의 지연

정해진 시간에 내게로 올 줄 알았던 사랑은
무슨 일이 있었는지 조금씩 늦는다
어느새 비는 내리고, 밤은 저물어 간다

비에 홀딱 젖은 채
저기 저 사랑을 기다린다

사랑은 온다
다가온다
조금 늦을 뿐

어느새 비에 완전히 젖은 채
무릎 꿇고 기다리는 날 발견한다
그 사랑은 어디로 간 걸까
난 왜 여기 있는 걸까

아름답고 달콤했던
우리의 시간은

왜

사랑처럼 지연될까

너라는 걱정

아침에 눈을 뜨고
밤에 눈을 감을 때

왜 같은 기분이 들까

바라보기만 했는데
지켜보기만 했는데

왜 난 고통스러운 걸까

아무 기대 없었고
눈조차 못 마주쳤는데

그저 걱정만 하다가
잠들 뿐

난 말야
아무것도 하지 않았는데

왜 그냥 걱정스러운 걸까

지나온 그 길들이
칼날처럼 바뀌어서
나를 거칠게 괴롭힌다

억울하게 아파도
눈물이 또 흘러도

나는,
나는,
오직 너만 바라본다

대낮의 사랑

해가 뜬 지도 어느새 대여섯 시간
해가 중천에 뜬 정오

사랑에 젖은 채
그댈 생각하고 있죠

시간이 지나도
해가 저물어도

난 그댈 놓칠 수 없죠

당장은 참을 수 있어도
그대와 영원히 함께할 수 없기에

저 너머로 보이는 하늘을
구름이 수놓았듯

난 그대를 위한 구름이 될게요

원하는 것이 있어도 말 못 하고
싫어해도 거절 못 하던

그대의 모습을 볼 때면
난 언제나 가슴 아팠죠

그러니
이제는 달라지세요

아픔이 희망 되고
서운함이 따스함 될 때까지

그대, 그대여
오래도록 함께해요

한 세기

그때는 몰랐으리라
그대와 함께했던 그 순간순간이 소중하다는 걸

사소한 일에 저주하고
그대를 미워했던 내 지난 모습이
이렇게 아플 줄 몰랐지

왜 말하지 않았나요
그때 힘들었다고 어려웠다고
지금 말해도 나는 어떤 일도 할 수 없어요

내가 그대와 함께한 것이
얼마나 행복했는지 지금에야 깨달아요

그대를 그리워하는지
그대는 모르겠죠

우리 다른 세상에 있지만

그댈 함부로 대했던 나를 용서해 주세요

사랑한다는 만 마디보다
그대에게 상처 주지 않는 것이
더 아름다운지 그땐 몰랐었죠

늦었지만
이제라도 우리 화해해요

한 세기 같이 살 수 없지만
서로의 모습을 바라보면서
한 세기 같이 살아 보아요

그대여
한 세기 동안이라도
행복하기를

이제 끝이니까

어떤 계절에도 나를 떠나지 않던 그대
추운 겨울 나에게 등 대었던 그대

이제는 그대가 남인 걸 아니까
남남인 그대를 다시 사랑할 자신이 없어서

혼자 눈물 흘리는 이 밤이 꼭 그대에게도 전해지길
사랑하지 않았는데 사랑했다는 기억이
나에겐 너무나 소중했기에
그대도 기억할 수 있길

깊은 밤 슬피 우는 나의 모습을 지켜보며
같이 우는 그대

그대와 같이 가고 싶지만
이미 떠난 그대를 잡을 자신이 없어서
빈 창문으로 별을 바라보며 쓸쓸히 눈물을 흘린다

그대 더 이상 울지 마요
더 이상 슬퍼하지 마요
더 이상 안타까워하지 마요

그대는 이미 떠났으니까
이제 우린 끝이니까

누군가에게 기댈 수 있는 것이
얼마나 기쁜 일이었는지

내가 그대를 얼마나 사랑했는지
그대도 느끼길 바라요

이제 끝이니까
그대 눈물 닦아요

이젠 정말 끝이네요

이제야 한마디

미안해요
마음은 있었지만
단 한마디 말도 못 했던 나의 지난 모습

비록 말도 안 하고
행동도 안 했지만

내 마음은 언제나 그대 곁에 있었어요
얼마나 행복한지 그대도 알길 바라요

난 그대 없으면 못 사는데
그대를 꼭 붙잡고 싶은데
항상 그렇지 못해서 그대에게 미안해요

한마디 던지려고 그대 앞에 다가가지만
이미 하지 못한 말이 다 말해 주는 걸

이제야 한마디 합니다

사랑한다고 좋아한다고

이제라도 말해요
이미 지난 이야기이지만
그대는 나의 연인이라는 걸

초월적 이별

난 그대와 함께하는 것이 좋았죠
함께 있다는 것 그 자체로
난 아주 행복했죠

내가 어떤 잘못을 해도 용서해 주고
슬퍼할 때 먼저 눈물 흘려 주고
기쁠 때 가장 잘 웃어 준 그대

하지만
이젠 그대 얼굴만 흐릿하게 기억나네요
난 그대의 모든 것을 간직하고 있지만
기억은 나지 않네요

그게 사랑인 건가요

그대가 나를 원했으면
나도 그댈 원했겠죠

왜 이별을 선택한 거죠

사랑이 아니어도 같이 있을 수 있는데

사랑하지 않아도
그대 나와 함께해 주세요

그 어디에서라도
그댈 사랑할게요

그러니 돌아오지 말아요
아무리 외쳐도 메아리밖에 들리지 않는데

그대 그냥 날 떠나요
더 이상 뒤돌아보지 말고

눈물이 내 마음의 멍이 되어
그대 떠난 길을 따라가도
신경 쓰지 마요

나 혼자만의 착각이었을 테니까

변하지 않는 것

누구나 할 수 있는 일
언제나 할 수 있는 말

그조차도 못한 내가 미운가요

나의 변하지 않는 마음 하나만이라도
그대가 알아주었으면 좋았을 텐데

늦은 밤 밤하늘에 깔린
수많은 별들을 바라보면서

용기 내어 외치는 이 한마디

난 그대를 사랑한다고

용기가 조금 더 있었다면
얼마나 좋았을까

그러나 날 원망하진 말아요
사랑한다는 그 말은 못 하지만
그댈 진심으로 원하니까요

이제라도 우리 함께 길을 걸어요
계절이 바뀌어도
감정이 바뀌어도

난 그대만을 사랑하겠다는 다짐이 있죠
변하지 않는 것
그것 하나는 자신 있죠

그대여 나의 손을 잡아 주세요

오작동

분명 그댈 원했는데
원하고 또 원했는데

왜 그댈 함부로 대했을까요

사랑하는 마음이
미워하는 마음이 되어

약한 그댈 밀어낸 거죠

더 이상 바뀔 건 없지만
내가 남긴 발자취를 보며
그대에게 하는 말
미안해요

후회하진 않을게요
다정한 목소리로
잘 있으란 말 외엔

아무 말도 할 수가 없는 걸요

경고음도 없이
잘못 울린 마음은, 사랑은

왜 아직도 날 따라다닐까요

별 같은 너

너와 함께하는 그 순간이 싫었던 적은 없어
그래도 널 사랑했다고 생각했는데
난 너와 함께 있는데

너의 마음엔 왜 내가 없니
그래도 난 널 버리지 않아

언제나 너와 함께하는 모든 순간이
날 감싸 주고 있으니까

왜 계속 나를 피하니
내 마음이 충분하지 못한 거니

난 왜 그런 걸까
밤새 울며 억지로 시간을 때워 봐도
해결할 수 없는 일

너와의 지난날은 그저 그런

날이 아니었는데
힘없이 쓸려가는 파도 같은
시간이 아니었는데

그래서 난 알아

저 달 밑의 별 같은 추억들이
널 감싸 줄 거라는 걸

빈칸

애써 외면했지만
이제는 못 참겠어요

그대를 떠난 미련만 남아서
그대에게 상처만 준 것 같아서

눈물만 내 앞을 가리네요
그래도 그대는 떠나가네요

미안합니다
고작 그게 나의 전부여서

되돌릴 수 없는 시간 앞에서
우리의 기억 속에서

내가 할 수 있는 건 눈물 흘리는 것밖에 없어요

이제야 떠나는 그대를 붙잡는 내가

너무 못나 보이지만

그게 나의 사랑임을
그대 알아줘요

사랑 같지 않은 나의 사랑은
이제 앞으론 없을 테죠

그대 잘 가요
떠나는 그대를 다시 잡을 용기가 없어서

못나게도 그댈 배웅합니다

벚꽃 추락

초판 1쇄 발행 2023년 4월 19일

지은이 김현우
펴낸이 이기봉
편집 좋은땅 편집팀
펴낸곳 도서출판 좋은땅
주소 서울특별시 마포구 양화로12길 26 지월드빌딩 (서교동 395-7)
전화 02)374-8616~7
팩스 02)374-8614
이메일 gworldbook@naver.com
홈페이지 www.g-world.co.kr

ISBN 979-11-388-1819-3 (03810)

- 가격은 뒤표지에 있습니다.